Cómo Conseguir y Adaptar Pruebas Psicológicas al Idioma Español

Adaptación Ética con Validez y Fiabilidad

César Andrés Caamaño

Puede contactar al autor de esta obra a través del correo electrónico Kaisar.Andreas@gmail.com

Tabla de Contenido

Introducción   **7**

Cómo Conseguir Pruebas Psicológicas de Uso Libre   **9**

Localizando pruebas psicológicas de uso libre en revistas científicas 11

Localizando pruebas psicológicas de uso libre en motores de búsqueda especializados   **14**

Otras fuentes para localizar pruebas psicológicas de uso libre   **16**

Cómo Adaptar Pruebas Psicológicas al Idioma Español   **18**

Traducción de la prueba al español   **18**

Desarrollo de la prueba en español   **20**

Cómo Establecer la Validez de la Prueba   **24**

La validez aparente   **26**

La validez de contenido   **28**

La validez relativa al criterio   **32**

La validez de constructo   **37**

Cómo Establecer la Fiabilidad de la Prueba   **40**

La fiabilidad por prueba y posprueba   **41**

La fiabilidad por formas alternativas   **42**

La fiabilidad por división de mitades   **42**

La fiabilidad por consistencia interna   **44**

La fiabilidad entre evaluadores   **45**

Aspectos Éticos del Proceso de Utilización, Adaptación y Desarrollo de Pruebas   **46**

Nuestra Competencia Profesional   47

La privacidad y la confidencialidad   48

La custodia de records y de pruebas   51

La aprobación institucional   52

El consentimiento informado   54

El proceso y los resultados de la evaluación psicológica   60

Sobre el autor   *63*

Introducción

Para los psicólogos que trabajamos en países de habla hispana se nos hace muy difícil conseguir herramientas de evaluación psicológica en español, debido a que la mayor producción científica se hace en el idioma inglés, y los esfuerzos que se hacen actualmente para adaptarlas o desarrollarlas a nuestro idioma no van al ritmo que quisiéramos. Sin embargo, para poder ofrecer servicios de calidad y cumplir con una responsabilidad ética, debemos hacer todos los esfuerzos por realizar nuestras mediciones en el idioma que habla nuestra población, y ese es el español.

La situación se torna mucho más difícil cuando, como ocurre en mí país, la República Dominicana, son muy pocos los trabajos que se han realizado para adaptar las herramientas a nuestra población. Simplemente no contamos con la cantidad y la variedad de herramientas de evaluación psicológica que necesitamos. El resultado es que tenemos que hacer las adaptaciones nosotros mismos si queremos brindar un servicio psicológico de nivel profesional y apegado a los lineamientos éticos existentes. Para lograr esto es necesario dominar los conocimientos y técnicas requeridos para realizar nuestras propias adaptaciones al español de pruebas que ya poseen una demostrada calidad en la comunidad científica internacional.

De hecho, esta es la realidad que me he encontrado desde que culminaba mis estudios de Licenciatura, y por más de 13 años he venido dirigiendo, realizando y apoyando proyectos de adaptación de herramientas psicológicas. Algunos de estos proyectos han sido bien complejos, mientras que otros han sido bien simples y fluidos, pero en todos el mayor reto ha estado en lograr que mis colegas y colaboradores dominen el proceso para lograr conseguir, adaptar y utilizar correctamente las herramientas que necesitamos. Con esto en mente he escrito este documento, que cuenta la manera en cómo he venido a comprender y a realizar estos procesos de adaptación, y en ocasiones de desarrollo, de pruebas psicológicas en nuestro idioma.

Basado en mi experiencia he dividido este proceso en varias fases o componentes, de manera que sea relativamente sencilla la comprensión de los mismos. El dominar estas fases es lo que asegura la calidad de la herramienta de evaluación que resulte de todos nuestros esfuerzos. Estos cuatro pasos son los siguientes.

1. Conseguir pruebas psicológicas de uso libre.

2. Adaptar las pruebas psicológicas de uso libre al español.

3. Establecer la validez de la prueba psicológica.

4. Establecer la fiabilidad de la prueba psicológica.

Cómo Conseguir Pruebas Psicológicas de Uso Libre

Por pruebas psicológicas de uso libre me refiero a aquellas herramientas de evaluación psicológica que pueden ser utilizadas libremente por el profesional calificado, sin necesidad del pago de una tarifa u honorarios para el uso, la edición o la adaptación de la misma. En sentido general, cuando se habla de algo que es de uso libre, también conocido como algo de dominio general, se refiere a ideas, información y trabajos que están públicamente disponibles, normalmente de manera gratuita, y sobre las que se permite que sean utilizadas y modificadas por cualquier persona. Para el uso de estas pruebas, como todo material protegido por el derecho de autor, se requiere conseguir una autorización de la persona o institución que tiene estos derechos. Sin embargo, estas autorizaciones son relativamente fáciles de conseguir, ya sea porque la autorización esté expresa en el documento en que se publica la prueba, como sucede en algunas revistas científicas en las que se autoriza el uso de la prueba para fines de investigación y enseñanza, o porque para obtener la autorización sólo tenemos que escribirle un correo electrónico a la persona que administra sus derechos y solicitar su permiso para los fines que tenemos planeados.

Utilizar este tipo de pruebas supone una ventaja importante para los profesionales de la conducta y los procesos mentales en países de habla hispana, en especial en aquellos en vía de desarrollo. Primero, el costo para utilizar este tipo de herramientas suele ser mucho más bajo que el de las pruebas tradicionalmente comercializadas. Y esto es obvio, pues no es lo mismo tener que pagar por cada uso de una prueba que el sólo tener que comprar el ejemplar de la revista científica en que aparece, o suscribirse a un servicio de motor de búsqueda de pruebas, como lo es *PsycTest*, por ejemplo.

La segunda ventaja es que es común que cuando encontramos una prueba psicológica de uso libre encontremos también varios estudios científicos que soportan su uso, expresando claramente los aspectos relativos a su validez, fiabilidad, fortalezas y debilidades. Incluso es común encontrar publicaciones independientes a los autores de esas herramientas de uso libre, pues otros autores pueden haber realizado estudios utilizando dichas pruebas y nos presentan su experiencia científica al respecto.

La tercera ventaja es que una vez que hemos realizado y publicado nuestra investigación con una herramienta de uso libre, la misma puede ser utilizada libremente por otros investigadores, a partir de nuestro estudio, ahora en nuestro idioma. Esto es realmente importante porque permite nuevos estudios que fortalecerán las capacidades de esa herramienta, y se amplía la cantidad de instrumentos psicológicos con evidencia científica que tenemos al alcance en nuestros países. Digamos que este es nuestro pago por haber podido utilizar una herramienta de uso libre: *quid pro quo*.

Ahora bien, ya que entendemos qué es una prueba psicológica de uso libre, la pregunta que nos surge es acerca de dónde podemos conseguirlas. En mi experiencia existen, al menos, dos medios para conseguirlas: 1) revistas científicas y 2) motores de búsqueda especializados en pruebas psicológicas.

Localizando pruebas psicológicas de uso libre en revistas científicas

Las pruebas de uso libre aparecen publicadas en las revistas científicas. En sentido general se entiende que si los ítems, reactivos, o la prueba misma, aparece publicada en una revista científica, el autor ha cedido sus derechos sobre esos ítems, reactivos o prueba a la revista donde los ha publicado. De hecho, es normal que cuando un autor somete un artículo a una revista científica le ceda a ésta los derechos que él tiene sobre el documento. Si ese documento incluye la prueba, pues la prueba es cedida también en este proceso.

Entonces, ¿cómo localizamos la prueba en las revistas científicas? Tradicionalmente yo sigo los siguientes cuatro pasos.

1. Realizar una búsqueda sobre el tema o concepto que mide la prueba, en un buscador de referencias bibliográficas (e.g., psycnet.apa.org).

2. Revisar los resúmenes de los artículos (también conocidos como *abstract*) e identificar las pruebas que se han utilizado para medir estos conceptos.

    1. Listar las pruebas que encuentre se hayan utilizado para medir el concepto que le interesa.

    2. Investigar, preferiblemente en los artículos originales donde se publicó la prueba, pero también en las páginas web relativas a ellas, los aspectos más importantes de dicha prueba.

Veamos ahora estos pasos de manera más detallada. Para realizar la búsqueda sobre el tema o concepto que queremos medir nos dirigimos en Internet al buscador de referencias bibliográficas que preferimos, en mi caso psycnet.apa.org, de la *American Psychological Association* (APA). Este es el mayor motor de búsqueda de temas científicos en psicología. En él ponemos el concepto, en el idioma inglés, y obtendremos una lista grande de publicaciones. La ventaja con PsycNet es que nos presenta, además del listado, un pequeño resumen de las herramientas que tienen mayor frecuencia de aparecer dentro del resultado de nuestra búsqueda. De este modo el trabajo se hace más fácil. Sin embargo, a pesar de que parecería que con PsycNet ya no tenemos que seguir los pasos que he listado anteriormente, es bueno llevarlos todos a cabo, porque así obtenemos un resultado más amplio y tendremos más opciones para elegir la mejor prueba posible para nuestro propósito de investigación. Por otro lado, si por alguna razón no quiere o no puede utilizar PsycNet, puede conseguir resultados importantes utilizando *Google Scholar* (scholar.google.com). Este buscador no es específico sobre psicología, sino sobre todos los trabajos científicos en general, pero si selecciona bien las palabras para hacer la búsqueda puede lograr resultados específicos a su tema de interés.

El segundo paso es revisar los resúmenes de los artículos para identificar las pruebas que se han utilizado en ellos. La idea formarnos un mapa mental del contenido de los artículos científicos sobre el tema que nos interesa, para facilitar la creación de una lista de las pruebas más utilizadas, y así construirnos una idea de su impacto y relevancia dentro del mundo científico. En la opción de PsycNet esto es fácil, pues los resúmenes aparecen en la misma página de resultados, y podemos irlos leyendo directamente. Además, PsycNet presenta también una lista corta de las pruebas más utilizadas en los artículos que muestra en el resultado de la búsqueda. Esta lista corta puede verse en la columna a la izquierda, en la página de resultados. Pero en el caso de que hayamos usado *Google Scholar* u otro buscador, debemos detenidamente revisar los resúmenes uno a uno para poder ir detectando las pruebas utilizadas, que normalmente se mencionan en esta sección.

El tercer paso es crear una lista con los nombres de las pruebas que nos han interesado a partir de nuestra lectura de los resúmenes de los artículos. Debemos recordar escribir tanto los nombres completos, como los acrónimos. La idea es que esta lista nos permita continuar la búsqueda sobre estas pruebas, y será muy difícil localizarlas si no tenemos todos los datos. Otra información importante que podemos agregar es la referencia del artículo desde el que hemos seleccionado la prueba. Si bien ese artículo no necesariamente es el primero en el que se utiliza la prueba, ciertamente puede contener información bibliográfica que nos ayude a localizar la publicación original o el manual de la prueba. Pensemos entonces en construir una lista a modo de tabla o matriz, donde los encabezados sean el nombre de la prueba, su acrónimo y la referencia bibliográfica donde la hemos localizado.

El cuarto paso consiste en revisar los artículos originales donde se ha publicado la prueba, y las páginas web donde se presente la misma. Aquí vamos a buscar información que nos permita comprender mejor la herramienta de evaluación, como por ejemplo sus indicadores de validez y fiabilidad; la estructura y contenido de la prueba; la duración de su aplicación; la población para la que está diseñada; el formato, sea electrónico o en lápiz y papel; así como cualquier otra característica de la misma. Esto ocupa un lugar muy importante porque en base a estos criterios es que vamos a elegir la mejor prueba para los propósitos de investigación que tenemos.

Localizando pruebas psicológicas de uso libre en motores de búsqueda especializados

Con el desarrollo de la Internet se han popularizado bases de datos y motores de búsqueda que nos permiten encontrar la información que necesitamos, casi de cualquier tema que se nos ocurra. Esto adquiere una notable importancia cuando se trata de pruebas psicológicas, pues en estas bases de datos se contiene reunida información sobre una diversidad de herramientas que, de otra manera, sería muy difícil identificar y localizar. Resulta realmente una maravilla poder encontrar, en un sólo lugar, información sobre casi todas las pruebas psicológicas existentes.

El mayor repositorio de esta información es la base de datos llamada *PsycTests* (apa.org/pubs/databases/psyctests), que administra la *American Psychological Association* (APA). Esta es una base de datos de investigación que provee acceso a pruebas, medidas, escalas, encuestas y otras evaluaciones psicológicas, así como información descriptiva sobre las mismas, sobre su desarrollo y sobre su administración. PsycTests recoge en la actualidad más de 15,000 records. La mayoría de estas pruebas pueden ser utilizadas para fines educativos y de investigación sin la necesidad de solicitar un permiso especial al autor o dueño de los derechos; para las pruebas donde este permiso es requerido la base de datos ofrece opciones para contactar al autor o dueño de los derechos. Esta base de datos se actualiza mensualmente, así que vale el esfuerzo de revisarla con frecuencia.

Tal como describí en el proceso de localización de pruebas psicológicas de uso libre en revistas científicas, necesitamos revisar los resúmenes de que obtenemos en PsycTests, construir una lista de las pruebas que más nos interesan y agregar información a esa lista que nos permita decidir cuál es la mejor prueba para los fines de nuestra investigación. De este modo, si hacemos la búsqueda en PsycTests, encontraremos un listado de pruebas psicológicas relacionadas a nuestro tema de investigación. En este listado debemos revisar los resúmenes de las pruebas para identificar aquellas que mejor midan los conceptos que nos interesan. Debemos tomar en cuenta el revisar las características de ellas para poder elegir la que mejor nos funciona. Aspectos como validez y fiabilidad son vitales para tomar esa decisión, pero también la estructura de la prueba, su longitud y la población para la que está dirigida son aspectos que debemos tomar en cuenta al decidir.

Otra base de datos que podemos utilizar para estos fines es el mismo Google Scholar que describí anteriormente. Más que una base de datos para pruebas psicológicas, este es el mismo buscador de Internet creado por Google, pero con un filtro especial, con el cual nos presenta sólo información académica y científica (tomemos con prudencia esta definición, pues no podemos asegurar que todo lo que aparece en Google Scholar es de calidad científica, aunque si es un gran acercamiento). De este modo podemos ingresar, en este buscador, palabras clave que representen los conceptos que queremos evaluar en nuestra población, acompañados de las palabras *test, measure, survey* o cualquier otra que sugiera que lo que estamos buscando es una herramienta de evaluación psicológica. El resultado que encontraremos es un listado de documentos relacionados a evaluaciones de ese concepto que elegimos, que debemos revisar siguiendo los mismos criterios que expresé anteriormente sobre la revisión de artículos originales donde se publican las pruebas, y las páginas web que describen sus características.

Entre PsycTests y Google Scholar yo prefiero utilizar la primera, pues es un repositorio profesional dedicado de manera específica a las pruebas psicológicas, y tiene ya incorporado muchas de las funciones que recomiendo realizar con el resultado de la búsqueda. Sin embargo PsycTest tiene un costo, y aunque no es elevado, dependerá de cada quien si puede o si quiere asumirlo. Google Scholar es una herramienta gratuita, pero eso no significa que para acceder al artículo o documento que describe la prueba que nos interesa no nos exijan un pago específico por acceso a la revista científica donde fue publicado o para ver la herramienta completa. Mi recomendación es que pruebe con ambas herramientas a ver cuál le ofrece el mejor resultado para su necesidad.

Otras fuentes para localizar pruebas psicológicas de uso libre

Existen, además de las revistas científicas y de los motores de búsqueda especializados, otras fuentes que nos permiten localizar pruebas psicológicas de uso libre. Aquí presento una breve descripción de algunas de ellas, pero tanto Google Scholar como cualquier otro buscador en Internet puede llevarle a páginas especializadas de pruebas psicológicas de uso libre como las que aquí presento. En particular a mi me llaman la atención tanto *Psychology Tools* y *Open Psych Assessment* por la calidad de sus herramientas y la posibilidad que ofrecen de crear comunidades de interés en torno a la adaptación de pruebas. Ambas, así como otras más que pueden encontrarse en Internet, ofrecen herramientas de evaluación psicológica que pueden ser utilizadas de manera gratuita para investigaciones y la enseñanza.

Psychology Tools (www.psychologytools.org) fue fundada en el 2008 como un medio para desarrollar y compartir materiales útiles para terapeutas en psicología. La mayor parte de sus materiales son sobre terapia cognitivo-conductual, pero también se presentan materiales de otras modalidades terapéuticas. Los materiales y pruebas que allí se distribuyen se hacen bajo la licencia conocida como *creative commons*, que permite su copia, su uso y el compartirlas de manera gratuita, aunque no de manera comercial. Ellos incluso invitan a contribuidores a someter sus materiales y pruebas para ser difundidos a través de ellos, y motivan de manera especial a aquellos profesionales que hacen traducciones de los materiales que ellos distribuyen. Es una plataforma interesante para alcanzar una presencia mundial.

Open Psych Assessment (www.openpsychassessment.org) es una página web que funciona como repositorio para material de evaluación psicológica de dominio público. Ellos mantienen una invitación para que se utilicen sus materiales y se contribuyan con nuevas herramientas de evaluación. En la actualidad tienen herramientas estandarizadas sobre ansiedad, depresión, apego y cognición social.

Cómo Adaptar Pruebas Psicológicas al Idioma Español

En este momento ya hemos elegido la prueba psicológica que queremos utilizar, aunque la misma se encuentra en otro idioma, normalmente en inglés. En mi experiencia hay dos caminos que podemos recorrer para adaptarla. Estos son 1) traducir la prueba psicológica al español o 2) desarrollar la prueba psicológica en español, siguiendo los lineamientos propuestos por los autores originales de la prueba. Veamos en detalle cada uno de estos dos caminos para que podamos luego elegir el que más nos convenga de acuerdo a los fines de nuestra investigación.

Traducción de la prueba al español

Este método, de traducir directamente la prueba al español, es quizás el utilizado con mayor frecuencia y el más fácil de realizar. Su ventaja más importante es que genera una herramienta de evaluación que puede ser fácilmente comparable entre los distintos formatos idiomáticos de la prueba. Es decir, la prueba construida de esta forma es una versión ítem a ítem de la prueba en el idioma original, por lo que los resultados obtenidos en cada una pueden ser más fácilmente comparables. Sin embargo, al tener que ajustarnos a esa adaptación ítem por ítem, se hace más difícil que la prueba recoja el bagaje cultural de las personas de habla hispana (o de las personas que hablan el idioma al que se traduce), y los niveles de validez y fiabilidad sean más bajos que lo esperado, y difíciles de ajustar y mejorar. Esto sucede así porque las traducciones literales de un idioma a otro suponen, necesariamente, una igualdad entre las palabras de cada idioma, cosa que no es 100% así debido a la interpretación cultural que se construye históricamente sobre cada palabra. Por ejemplo, cuando decimos que *"vino un hombre blanco"*, la implicación de la construcción mental que se hace una persona que vive en Inglaterra, por ejemplo, es muy distinta a la construcción que se hace una persona que vive en Nigeria. La cultura y la historia, y por ende el idioma y su manejo, permean nuestras construcciones mentales sobre la realidad.

Volviendo al proceso para realizar la traducción, necesitamos de personas que sean igualmente fluidas en ambos idiomas (normalmente en inglés y español, para nuestro caso). Entonces le pedimos a un primer traductor que traduzca cada ítem de la prueba original en inglés al español. Luego le pedimos al segundo traductor que traduzca cada ítem de español al inglés. Como podemos ver se trata de un proceso de pasar del inglés al español, y luego de volver al inglés. Entonces comparamos el listado de ítems en inglés, antes de la traducción y después de la traducción, y deberían ser iguales. Si no lo son trabajamos con ambos traductores hasta lograr un resultado lo más parecido posible.

Luego de este proceso pasaríamos a evaluar la validez y la fiabilidad de la prueba, para confirmar que estos indicadores sean similares entre la versión en español y la versión original en inglés. En estos procesos se hacen más ajustes a los ítems, pero eso lo veremos en detalle en los capítulos que están más adelante en este libro. Veamos ahora cómo es el proceso de desarrollo de la prueba en español.

Desarrollo de la prueba en español

El desarrollar la prueba psicológica en español es el camino que me ha ofrecido un mejor resultado en mis distintos proyectos de investigación. El mismo implica seguir las pautas y procedimientos planteados por los autores originales de la prueba en la construcción de la misma. Este camino también tiene sus limitaciones, como veremos más adelante, pero es el que me ha permitido más control y libertad sobre el proceso de desarrollar una herramienta de evaluación con mejores niveles de validez y de fiabilidad, y que represente mejor las particularidades culturales de la población para la cual la estoy desarrollando.

Es importante destacar que este proceso no sólo se lleva a cabo para desarrollar pruebas en un nuevo idioma, sino que se hace también cuando se quiere desarrollar una prueba para una población distinta a la que originalmente se desarrolló. Un ejemplo común de esto es cuando tenemos una prueba para adultos sanos, pero queremos aplicarla en niños, o en adultos con alguna dificultad en sus habilidades, o en envejecientes, o con personas que hablan el idioma, pero que pertenecen a otro bagaje cultural distinto al que pertenecen las personas con la cual se creó la prueba original. Es decir, podemos utilizar este mismo proceso cuando queremos utilizar la prueba con personas que son razonablemente distintas a aquellas para la cual la prueba fue desarrollada originalmente.

Lo que hacemos para lograr esto es analizar detenidamente el cómo los investigadores desarrollaron la prueba. Debemos investigar y conocer cuáles fueron sus orígenes, cómo fueron los primeros ensayos de la construcción de la prueba, cuáles son los constructos subyacentes, cómo fue el proceso de generación de ítems, cómo se llevaron a cabo los levantamientos realizados, y toda aquella información relacionada al proceso de desarrollo de la prueba.

En realidad debemos mirar y comprender todo el proceso de construcción de la prueba para poder replicarlo casi de la misma manera en como los autores originales lo hicieron. En un lenguaje llano vamos a copiar su método, para hacer lo mismo que ellos hicieron, ahora en nuestro idioma y con nuestra población. De manera básica esto se hace en cuatro etapas. Para desarrollar la prueba se deben realizar los pasos siguientes.

1. Definir el concepto, tal y como lo hacen los autores originales.

2. Construir los ítems, de la misma manera en como los construyeron los autores originales.

3. Realizar las pruebas estadísticas que realizaron los autores originales.

4. Comparar los resultados obtenidos con los que alcanzaron los autores originales.

Veamos un ejemplo de cómo llevar estos pasos a cabo (este ejemplo es ficticio y simplificado, para fines de entendimiento del proceso. Para ver un caso real verifica el proceso que siguieron los autores para el instrumento en específico que deseas desarrollar). Para el primer paso digamos que queremos evaluar la intención de dejar el empleo que tienen los empleados. Para esto conseguimos una prueba psicológica y vemos que los autores definen este constructo como el deseo incómodo y persistente que experimenta un empleado de abandonar la empresa en la que trabaja, independientemente de si ha conseguido un nuevo empleo. En este sentido nosotros mantenemos esa misma definición conceptual para la herramienta o prueba que vamos a desarrollar.

El segundo paso consiste en construir los ítems o preguntas de la manera en como ellos lo hicieron. Al revisar la literatura descubrimos que ellos le preguntaron a un conjunto de expertos en recursos humanos sobre lo que les reportaron sus empleados en una entrevista de salida (la entrevista que se le hace a los empleados cuando dejan la empresa), respecto a lo que pensaban y sentían esos empleados sobre dejar la empresa. Los autores primero simplificaron ese listado de respuestas, uniendo aquellas que con distintas palabras querían decir lo mismo, y lo convirtieron en afirmaciones. Luego, con esas afirmaciones construyeron un cuestionario, y lo aplicaron a un grupo de empleados con la intención de que indicaran qué tan a menudo se sentían de la forma descrita en cada afirmación. Esta aplicación es conocida como una *prueba piloto*, pues permite analizar cómo funcionan en la vida real el conjunto de ítems, o preguntas, que hemos diseñado.

Entonces, en nuestro proceso repetimos este paso tal y como lo hicieron los autores originales, sólo que como estaríamos hablando con especialistas de recursos humanos que hablan español, y los empleados que ellos evaluarían hablan español, las respuestas que obtendríamos de ellos ya estarían en español. Tendríamos entonces un listado amplio en nuestro idioma y lo simplificaríamos considerando los contenidos que habríamos obtenido, uniendo aquellos que con distintas palabras quisieran decir las mismas cosas. Siguiendo el proceso, construiríamos las afirmaciones que ya están en el idioma español y lo aplicaríamos, igual como se hizo en el estudio original, a una población que nos serviría de prueba piloto, para confirmar la calidad del instrumento que hemos construido.

Como podrán deducir en este momento, nuestra lista de respuesta será distinta a la que obtuvieron los investigadores originales al realizar este ejercicio en inglés, a veces incluso muy distinta. Sin embargo, en ambos casos, las respuestas obtenidas son indicadores innegables del constructo a evaluar, sólo que en cada caso reflejan el bagaje cultural de las personas evaluadas y de su idioma.

En esta etapa normalmente se prepara un estudio piloto, donde se le presentan las afirmaciones obtenidas a una muestra de empleados y se digitan y se analizan los resultados obtenidos. Realizando los mismos cálculos de validez y de fiabilidad que los autores originales hayan realizado podremos tomar las decisiones oportunas sobre qué ítems mantener, cuáles modificar y cuáles eliminar, de la versión final de la prueba que estamos diseñando. Lo que se espera es que los índices obtenidos de validez y fiabilidad sean similares o mejores que los obtenidos por los autores originales de la prueba y, de esta forma, aseguramos la calidad del nuevo instrumento que hemos desarrollado.

Pasemos ahora a comprender lo que es la validez y la fiabilidad de una herramienta psicológica, pues su establecimiento y cálculo son fundamentales para adaptar o desarrollar una prueba psicológica, ya que son los indicadores de la calidad de la misma.

Cómo Establecer la Validez de la Prueba

Hasta ahora hemos ido viendo el proceso de construir o adaptar una prueba psicológica a partir de una versión que existe en inglés. Sin embargo, nuestro proceso no termina cuando tenemos un conjunto de ítems o preguntas para el cuestionario. Tenemos que asegurarnos de que la herramienta que hemos creado es de la calidad adecuada, que en nuestro contexto se refiere a si la prueba tienen validez y si es fiable. En este capítulo presentaré los aspectos relacionados a la validez de la prueba de evaluación.

Cuando hablamos de validez de una prueba psicológica nos referimos a que la prueba sea capaz de medir lo que pretendemos medir con ella. Esta es una característica fundamental de toda herramienta de medición, sea psicológica o no. Veamos el ejemplo de un termómetro, que es muy bueno para medir la temperatura, pero es un pésimo instrumento para medir la velocidad. Del mismo modo una prueba psicológica debe poder medir el constructo específico para el cual fue diseñada. Para establecer esto existen varios indicadores o tipos de validez, los cuales explicaré en detalle, más adelante.

Entendamos primero el concepto o proceso de validación. La validación es el proceso de recopilación y valoración de la evidencia de validez. Con esto quiero decir que la validez no es una operación única y simple, en la que se obtiene un número, valor o indicador que define si una prueba es válida o no lo es. La validez es esa construcción de opinión profesional que, basada en la evidencia, nos ofrece la confianza de que la prueba que hemos construido, o que utilizaremos, mide aquello que nosotros pretendemos que mida. De este modo hay tres formas generales de evaluar dicha validez:

1. A través un examen a fondo de su contenido,

2. A través de la relación de las puntuaciones obtenidas en la prueba con otras puntuaciones de pruebas o medidas, y

3. A través de un análisis general de la forma en que pueden entenderse las puntuaciones de una prueba dentro de algún marco teórico que facilite la comprensión del constructo que se quiere medir.

Como he dicho, el criterio de validez es una valoración que hacemos como científicos. Aunque existen índices para medirla, es, en última instancia, la valoración intelectual del científico la que, a partir de dicha evidencia, le asigna una confianza a la prueba. Es decir, al final de cuentas la validez es la confianza que tenemos de que la prueba mide lo que se supone debe medir. Todos los cálculos que realizamos en torno a la validez lo que hacen es ofrecernos evidencia de la existencia de dicha validez.

En consecuencia a lo descrito anteriormente, me gusta dividir los tipos análisis que podemos hacer sobre la validez en cuatro grupos. Estos grupos son

1. La validez aparente
2. La validez de contenido
3. La validez relativa al criterio
   1. La validez concurrente relativa al criterio
   2. La validez predictiva relativa al criterio
4. La validez de constructo

Antes de adentrarnos en la comprensión de estos tipos de análisis, debemos tener en cuenta que no todos los indicadores de validez aplican de igual manera a todos los tipos de pruebas que podamos crear. Algunos indicadores de validez son más utilizados en algunos tipos de pruebas que en otros; y, del mismo modo, para algunos tipos de pruebas se utilizan frecuentemente unos tipos de indicadores más que otros. Lo importante es tener la mayor cantidad de evidencia posible de que la prueba que hemos diseñado o adaptado mide lo que pretendemos que mida.

La validez aparente

La validez aparente se refiere al grado en que los reactivos de una prueba parecen medir lo que en realidad mide. Si a primera vista uno puede detectar lo que la prueba pretende medir, entonces tiene una validez aparente alta. Si por el contrario, como sucede en muchas pruebas proyectivas como aquellas de manchas de tinta, donde es difícil darse cuenta de lo que la prueba en realidad mide, se entiende que esa prueba tiene una validez aparente baja.

Es importante destacar que la validez aparente funciona o se mide a partir de la perspectiva de la persona que es evaluada, y no desde el criterio del desarrollador o administrador de la prueba. Lo que ella refleja es si la persona evaluada puede detectar fácilmente los criterios que la prueba persigue medir.

Para explicarlo de otra manera, la validez aparente no refleja la utilidad o la calidad específica de una prueba, sino que refleja lo fácil que es para la persona evaluada detectar lo que la prueba quiere medir. Una prueba puede ser muy válida para medir un constructo aunque la persona evaluada no pueda percatarse de qué es lo que la prueba mide.

La utilidad de la validez aparente radica en que cuando la persona evaluada no percibe que la prueba mide lo que se pretende medir puede presentar alegatos y resistencia para aceptar los resultados. Esto tiene implicaciones importantes en algunos contextos, especialmente cuando hay resistencia para aceptar la realidad, o para afrontar las consecuencias o responsabilidades asociadas al resultado de la prueba. Esto debe tenerse en cuenta pues la persona evaluada podría dejar de contribuir en el proceso de evaluación y en el plan de intervención que se desarrolle a partir de los resultados de la prueba.

Por otro lado, debo recalcar que la validez aparente de una prueba no constituye una evidencia aceptable para hacer inferencias a partir de las puntuaciones de una prueba. Es decir, la validez aparente sólo nos sirve desde la perspectiva de la persona evaluada, y no significa nada en cuanto a que en realidad la prueba mida lo que pretenda medir, desde la perspectiva del administrador de la prueba. Tanto pruebas con alta validez aparente como con baja validez aparente pueden medir efectivamente el constructo que se quiere medir. Por esta razón debemos seguir buscando evidencias sobre la validez de la prueba, especialmente desde el enfoque de quien realiza la evaluación.

La validez de contenido

Cuando pensamos en una conducta o proceso mental que queremos evaluar nos vienen a la mente un conjunto de elementos que describen dicha conducta, o proceso mental. Pensemos, por ejemplo, en cuando decimos que una persona es inteligente. Ser inteligente no es algo que podemos medir directamente, como si fuera algo físico, palpable. Lo que hacemos es que a partir de un conjunto de conductas definimos lo que es ser inteligente. Por ejemplo incluiríamos elementos como el poder resolver problemas, el poder recordar rápidamente, el poder convencer, el poder comprender, y así vamos agregando elementos a nuestra definición de inteligencia. De este modo armamos un concepto que se compone de diversos elementos, y estos elementos son el contenido de dicho concepto, que en nuestro ejemplo hemos llamado inteligencia.

De este modo, cuando hablamos de validez de contenido nos referimos a que contamos con la evidencia de que hemos incluido todos los contenidos necesarios para evaluar eso que queremos medir. De nuevo, nos hacemos un juicio sobre lo adecuado de la selección de elementos que componen una prueba, y sobre que dichos elementos sean representativos del universo de elementos que pretendemos medir con la prueba.

Para decirlo de otra forma, no sólo se trata de si la prueba *parece medir* el constructo, sino también de si los ítems seleccionados para la prueba recogen todo el contenido del constructo. Se basa en el supuesto de que si la prueba recoge una representación adecuada de reactivos, entonces las respuestas para medir el constructo sería también adecuadas.

Para poner otro ejemplo, imaginemos que queremos una prueba para medir si alguien está enamorado. Necesitamos establecernos un juicio de si las preguntas de la prueba recogen una muestra representativa de todos los aspectos de estar enamorado. No sólo basta con saber si le sudan las manos, se le acelera el corazón o extraña a otra persona. La prueba debe recoger preguntas relacionadas a todos los aspectos de estar enamorado para que podamos afirmar que su contenido es el adecuado para medir que se está enamorado.

Aquí el reto es poder identificar todos los elementos que componen la conducta o el proceso mental que queremos medir con la prueba. Tenemos que establecer por escrito esos criterios o componentes generales que entendemos son los que definen el constructo que nos interesa, preferiblemente basados en una teoría sólida, o en el modelo teórico que mejor nos explique aquello que queremos medir. Debemos definir esos componentes para luego poder determinar si cada ítem corresponde a dicho componente.

Para medir la validez de contenido lo que hacemos es construir un formulario especial para nuestra prueba, donde colocamos todos nuestros ítems. La pregunta que se hace en el cuestionario es *para cada ítem, indique qué tan esencial es dicho ítem para medir el criterio o componente que se quiere medir.* Aquí debemos incluir la definición de lo que mide la prueba, o del componente, para ayudar a la persona a evaluar si el reactivo mide dicho concepto. Las respuestas para cada ítem se ofrecen en una escala de tres puntos, donde la persona evaluada indica si ese reactivo es 1) esencial para medir el componente; 2) útil, pero no esencial para medir el componente o; 3) no necesario para medir el componente.

Recordemos que esta valoración la harán expertos o profesionales en el constructo que mide la prueba, ya que la validez de contenido se mide desde la perspectiva de los administradores de la prueba. Esto es muy importante, porque si la persona que realiza esta evaluación no es experta en el tema, entonces su juicio sobre los componentes de la misma será un tanto dudoso. No olvidemos que la validez se trata de la confianza que depositamos en que la prueba mide lo que quiere medir, y no tendría mucho sentido depositar dicha confianza en los juicios u opiniones que puedan elaborar personas que, desde el punto de vista profesional, desconocen sobre el tema que estamos investigando.

Veamos ahora cómo hacemos el cálculo para obtener un indicador que nos sirva de evidencia de esta validez de contenido. Para analizarla lo que hacemos es calcular lo que se conoce como la *razón de validez de contenido*, desarrollada por Lawshe en el año 1975. Este cálculo se hace para cada uno de los ítems de manera independiente y específica. Obviamente, al conjunto de expertos que hemos seleccionado le aplicamos el cuestionario diseñado para evaluar la validez de contenido y con los resultados de esos cuestionarios realizamos el análisis. Veamos el proceso paso por paso una vez hemos aplicado los cuestionarios.

1. Lo primero que hacemos es determinar el número o la cantidad de expertos que han evaluado la validez de contenido.

2. Luego, para cada ítem, cuantificamos la cantidad de expertos que han indicado que dicho reactivo es esencial para medir lo que se pretende medir.

3. A continuación restamos este número, el de la cantidad de expertos que han indicado que el reactivo es esencial, de la mitad de expertos participantes (si, aquí hemos dividido el total de expertos participantes entre dos).

4. Entonces, para obtener el valor de la razón de validez de contenido lo que hacemos es volver a dividir el número hasta aquí obtenido entre la mitad de los expertos que participaron en la evaluación.

Con este proceso obtenemos, para cada ítem, la razón de validez de contenido. A continuación les presento la fórmula de la misma, que nos presenta una visión más gráfica del proceso y muchas veces es más fácil de entenderlo así que con oraciones. En esta fórmula CVR es la razón de validez de contenido (por sus siglas en el idioma inglés), n_e es el número de expertos que indican como *esencial* ese ítem, y N es el número total de expertos.

$$CVR = \frac{n_e - \frac{N}{2}}{\frac{N}{2}}$$

La idea ahora es eliminar los reactivos cuya cantidad de acuerdo observado tiene una probabilidad de ocurrir al azar de más de 5%. Lawshe calculó estas probabilidades en función del número de expertos que participen en el proceso de análisis. Les presento a continuación el valor mínimo aceptable para un ítem de ser aceptado según la tabla de Lawshe.

Para 5 expertos = .99

Para 8 expertos = .75

Para 9 expertos = .68

Para 10 expertos = .62

Para 11 expertos = .59

Para 12 expertos = .56

Para 13 expertos = .54

Para 14 expertos = .51

Para 15 expertos = .49

Para 20 expertos = .42

Aquí es importante recordar que los valores de la razón de validez de Lawshe van desde -1.00 hasta 1.00, donde un valor negativo significa que menos de la mitad de los expertos indicó como esencial dicho reactivo para medir el contenido; un valor de cero indica que la mitad de expertos indicó como esencial dicho reactivo para medir el contenido y; un valor positivo indica que más de la mitad de expertos marcó como esencial dicho reactivo.

En nuestro reporte sobre validez de contenido debemos indicar la razón de validez alcanzada por cada ítem, cuyo dato es el que debe ayudarnos a decidir cuáles ítems mantenemos en la prueba y cuáles sería recomendable eliminar de la misma. Es decir, la decisión de eliminar o mantener un ítem no la hacemos sólo basados en que un experto haya indicado que el ítem no era necesario para evaluar el contenido, o que era útil pero no esencial. Esta decisión la tomamos nosotros en base al valor alcanzado por dicho ítem en la CVR y comparando dicho valor con la probabilidad de ocurrir al azar, que he listado anteriormente para distintas cantidades de expertos evaluadores.

La validez relativa al criterio

La validez de contenido, que describí en la sección anterior, es un primer acercamiento en el proceso de reunir evidencia acerca de que nuestra prueba mide lo que quiere medir. Sin embargo, más allá del juicio y criterio de expertos, es muy importante confirmar en el terreno que la prueba mide lo que quiere medir. Es decir, necesitamos evidencia de que en realidad la prueba funciona como se espera que funcione. Para esto utilizamos un criterio que nos ayude a confirmarlo.

Un criterio es la norma contra la cual es valorada una prueba o una puntuación de una prueba. Un criterio es una referencia o punto de comparación. De este modo la validez relativa al criterio se refiere a la comparación que se hace de la puntuación obtenida en una prueba con respecto a la obtenida por otra que se considera como criterio. Para verlo en un ejemplo, si estamos diseñando una prueba para medir la depresión, sus puntuaciones deben estar correlacionadas con las de otra prueba que también mida depresión.

Ahora bien, es muy importante comprender que no es necesario que el criterio sea otra prueba que mida exactamente lo mismo. En realidad un criterio puede ser casi cualquier cosa. Es decir, cualquier indicador relacionado teóricamente con lo que mide la prueba puede servir de criterio. Por ejemplo, si mi prueba mide el entusiasmo que tiene un empleado en su trabajo, como criterio puedo utilizar también, además de otras pruebas que midan el entusiasmo laboral, medidas de motivación, de días continuos trabajados, días de inasistencia, la cantidad de ausencia laboral, la rotación, la puntualidad, la cantidad de piezas producidas, o cualquier otra medida que, como dije anteriormente, esté teóricamente relacionada con el entusiasmo que tiene un empleado en su trabajo, que es el constructo que mide mi prueba. Otro ejemplo lo podemos ver en una prueba de depresión, que también se puede relacionar con el diagnóstico hecho por facultativos, con su capacidad de discriminar entre personas diagnosticadas y no diagnosticadas con depresión; con su relación con la motivación para levantarse en las mañanas, con los deseos de integrarse a las labores cotidianas del día a día, con el interés por las cosas que antes le gustaba hacer; con su relación con el número de días pasados en hospitalización por depresión; y otros indicadores similares. De este modo lo que necesitamos es establecer un criterio que, en teoría, esté relacionado al constructo que mide nuestra prueba, y medir dicha relación.

Aunque casi cualquier cosa puede funcionar como criterio, no todos los criterios son iguales: hay criterios mejores que otros. Mientras más sólida sea la teoría o la lógica de dicha asociación, más fuerte será nuestra confianza en la validez calculada a partir de dicho criterio. Para que un criterio sea de calidad el mismo debe ser confiable, debe ser relevante, debe ser válido y no debe estar contaminado. Veamos esto de manera más detallada.

Cuando decimos que un criterio tiene que ser confiable nos referimos a su nivel de fiabilidad. Es de esperar que un criterio sea igual de fiable como lo es toda prueba. Un criterio que tiene bajos niveles de fiabilidad, o cuya medición tiene problemas de fiabilidad, no nos ofrece la certeza adecuada para funcionar adecuadamente como una fuente de validez. No voy a abundar mucho aquí sobre la fiabilidad de una prueba ya que más adelante tendremos todo un capítulo dirigido a explicar este concepto, sin embargo si es necesario que nos quede claro el sentido de su importancia.

Cuando establecemos que un criterio debe ser relevante nos referimos al sentido de que entendamos que el mismo es importante para describir el concepto que pretendemos medir. Por ejemplo, para servir de criterio para una prueba sobre depresión, es más relevante el diagnóstico clínico hecho por un profesional de la psicología o psiquiatría, que la valoración que hagan los familiares de la persona evaluada. Aunque ambos pueden servir de criterio, claramente uno es más relevante que otro. Mientras más relevante sea nuestro criterio más confianza podremos atribuirle. Obviamente, si un criterio no es relevante con respecto a un constructo que queremos validar, de nada nos sirve establecer la relación entre los dos.

Otro aspecto que hemos listado es que un criterio debe ser válido. Esto es que necesitamos evidencia de que dicho criterio mide en realidad lo que pretendemos medir con él.

Por ejemplo, si utilizamos una prueba específica como criterio para una nueva prueba sobre depresión, entonces debemos asegurarnos de que la primera prueba es válida. Un ejemplo común en donde se resalta la importancia de la validez de la prueba criterio es cuando queremos utilizar en adolescentes una prueba que ha sido utilizada tradicionalmente con adultos. Antes de poder utilizarla en esta nueva población debemos establecer su nivel de validez, por lo que utilizamos como criterio otra prueba que si haya sido validada y utilizada con adolescentes, y así constatamos que en esta nueva población la prueba mide lo que pretende medir.

Cuando decimos que un criterio no debe estar contaminado nos referimos a que dicho criterio, de manera directa o indirecta, no puede haberse formulado o construido utilizando partes o un todo de la prueba que queremos validar. Para decirlo de otra forma, supongamos que estamos validando un cuestionario sobre satisfacción laboral, que se compone de distintos factores, como son la satisfacción con el supervisor, satisfacción con la marca, etc. No tendría sentido que uno de dichos factores específicos, es decir los mismos ítems, sea parte del criterio a utilizar para validar la prueba completa, porque sería como evaluar la correlación de la prueba consigo misma. Debemos asegurarnos de que el contenido de la prueba que queremos validar no aparezca repetido en el criterio que utilizamos para dicha validación.

Ahora que entendemos los aspectos que debe cumplir un criterio para poder utilizarse en el proceso de validación de una prueba, pasemos al proceso y cálculo específico de la validez de criterio. Esta puede ser de dos formas: 1) relacionada a un criterio que se mide al mismo tiempo que la prueba o 2) relacionada a un criterio que se mide en el futuro con relación al momento en que se realiza la medición de la prueba. Estas dos formas son conocidas como validez concurrente y validez predictiva, respectivamente. Veamos en detalle estas dos formas.

La validez concurrente se obtiene cuando las medidas de una prueba y su criterio se obtienen al mismo tiempo, o lo que es lo mismo, que la aplicación se realizó en la misma sesión de trabajo. Imaginemos que reunimos a un conjunto de personas con la intención de validar una prueba para medir la calidad de vida. En esa misma reunión les aplicamos una evaluación sobre satisfacción vital, que es la que estoy utilizando como criterio. Como ambas evaluaciones se realizan en el mismo punto temporal, es decir, en la misma sesión de trabajo, decimos que esta validez de la prueba de calidad de vida es concurrente con la prueba sobre satisfacción vital. Desde el punto de vista estadístico lo que estamos estableciendo es que las puntuaciones obtenidas en una prueba pueden utilizarse para estimar la posición del individuo en un criterio. Es decir, que están correlacionadas.

La validez predictiva es aquella en la que la medida criterio se obtiene en algún momento futuro, usualmente después de que ha tenido lugar algún evento intermedio. Un ejemplo típico es cuando queremos determinar la validez de una prueba de ingreso a la universidad y utilizamos como criterio el índice académico del estudiante al concluir sus estudios; aquí determinamos qué tanta validez tiene la prueba de ingreso para predecir el índice académico con que concluirá el estudiante y, especialmente, luego de que ha ocurrido todo el proceso formativo del estudiante entre el momento de aplicar la prueba de ingreso y el momento en que concluye sus estudios en la universidad. Como podemos ver, las dos evaluaciones están distantes en el tiempo, y lo que queremos determinar es si a través del conocimiento de la puntuación en una de ellas podemos predecir la posición del individuo en la otra; es decir, su correlación.

Veamos ahora el proceso de cálculo de la validez de criterio, sea tanto concurrente o predictiva, ya que en ambos casos el cálculo es el mismo. Lo que hacemos es establecer el nivel de relación entre la prueba y el criterio. Es decir, establecemos la relación entre las dos variables. Para esto se utiliza con mucha frecuencia el coeficiente de correlación de Pearson, pero dependiendo del nivel de medición de las variables, el tamaño de la muestra y la forma de la distribución, podrían utilizarse otros coeficientes de correlación y estadísticos en general.

Dentro de la literatura científica se ha debatido mucho sobre qué tan alto debe ser el coeficiente resultante de la correlación para establecer que la prueba es válida. Aunque en principio nos sorprenda, los expertos coinciden en que no deben haber reglas para determinar el rango mínimo aceptable para determinar la validez. Lo que se espera es que el coeficiente sea lo suficientemente elevado como para que conduzca a la identificación y diferenciación de personas que responderán la prueba con respecto a un atributo o atributos deseados. Es decir, que la correlación debe ser significativa y permitir el establecimiento de un juicio que permita, a partir de conocer el valor del criterio, predecir el valor de la prueba.

La validez de constructo

Un constructo es una idea científica elaborada para describir un comportamiento complejo. Como en la psicología las variables que normalmente nos interesan no pueden ser tradicionalmente medidas de manera directa, como por ejemplo la inteligencia, la depresión, la personalidad, la motivación o la autoestima, necesitamos construir las definiciones para el conjunto de conductas que describimos con esas etiquetas. Los constructos son rasgos subyacentes, no observables, que quien construye una prueba puede utilizar para describir el comportamiento. Midiendo esos rasgos subyacentes es como describimos aspectos que no podemos medir de manera directa.

Entonces, para medir esa validez de constructo lo que hacemos como constructores de una prueba es que nos planteamos, elaboramos o construimos una teoría tentativa de la naturaleza de la prueba, en la que establecemos quiénes se espera obtengan puntuaciones altas y quiénes obtengan puntuaciones bajas. Si al realizar un piloto de la prueba y analizar los resultados encontramos que la prueba se comporta como la teoría sugiere, entonces hay una alta validez de constructo; si no se comporta como la teoría sugiere, entonces hay una baja validez de constructo.

En cierto modo la validez de constructo es un concepto que unifica toda la evidencia sobre la validez discutida en las secciones anteriores, pues al contrastar los resultados del análisis con lo que dicta la teoría se puede basar también en los elementos de la validez de contenido y en los de la validez de criterio. En este sentido la validez de constructo adquiere su evidencia, normalmente, a partir de uno o más de los siguientes procedimientos.

a) Para pruebas que se componen de un único factor, que la prueba sea homogénea, midiendo un único constructo.

b) Para pruebas que se componen de múltiples factores, que dichos factores de la prueba se relacionen con los factores subyacentes, midiendo cada uno un único constructo.

c) Que las puntuaciones de la prueba se correlacionen con las de otra prueba, de acuerdo a como lo predice alguna teoría.

d) Que las puntuaciones de la prueba se incrementen o disminuyan como una función de algún aspecto socio demográfico, como lo predice alguna teoría.

e) Que las puntuaciones de la herramienta, en una posprueba difieran de una preprueba, de acuerdo a como lo predice alguna teoría.

f) Que las puntuaciones de la prueba obtenidas por personas de distintos grupos varíen, de acuerdo a como lo predice alguna teoría.

De este modo lo que hacemos es establecer una hipótesis de cómo se comportará la prueba, basado en un modelo teórico, y contrastamos luego esa hipótesis con los resultados obtenidos. Para probar dichas hipótesis hacemos los análisis estadísticos correspondientes, según sean las características de las variables involucradas, como nivel de medición, tamaño de la muestra y distribución de los datos, entre otros.

De nuevo, he mencionado anteriormente que la validez es un juicio que hacemos respecto a la evidencia existente que sugiere que la prueba que hemos diseñado se comporta conforme a lo que nuestro modelo teórico sugiere. De este modo podemos decir que en base a dicha evidencia nuestra prueba es válida para medir aquello que pretendemos medir.

Cómo Establecer la Fiabilidad de la Prueba

Luego de haber discutido a profundidad la validez y las formas de calcularla, es momento de pasar a comprender la fiabilidad. Aunque algunos autores listan estos dos criterios de calidad de una herramienta de evaluación en distintos órdenes, a mi me parece que es importante lograr la validez de una prueba antes que la fiabilidad, porque una prueba puede tener buena o mala fiabilidad, la cual puede irse ajustando; pero si una prueba carece de evidencia sobre la validez entonces no debe utilizarse para evaluar. De este modo la validez debe alcanzarse primero y la fiabilidad después. Veamos ahora a qué nos referimos con fiabilidad.

La fiabilidad, o confiabilidad como le llaman algunos autores, se refiere a un criterio de consistencia que debe poseer toda buena herramienta de evaluación. Una prueba es fiable cuando es consistente en los resultados que ofrece. Un ejemplo de esto es cuando utilizamos una regla para medir una distancia: esperamos que cada vez que midamos un objeto que mide 12 pulgadas, la regla siempre nos debe indicar 12 pulgadas. Si la regla nos indica a veces 11 pulgadas, a veces 13 pulgadas y a veces 12 pulgadas, entonces es una herramienta con poca fiabilidad. De este modo el cálculo del coeficiente de fiabilidad es un índice de confianza que tenemos en la herramienta que vamos a utilizar.

Existen diversas formas para medir el coeficiente de fiabilidad de una prueba. Aunque algunas de estas formas son más utilizadas que otras, todas contribuyen a comprender mejor las propiedades psicométricas de la prueba que hemos construido. Por lo general la elección de su utilización depende de particularidades propias de las pruebas, así como de la predilección personal del investigador. En ocasiones conviene reportar varios de estos coeficientes, especialmente cuando se trata de una prueba nueva, o una recién adaptada a un nuevo idioma o población. Estos coeficientes son los siguientes.

1) La fiabilidad de prueba y posprueba,

2) La fiabilidad de formas alternativas,

3) La fiabilidad por división de mitades,

4) La fiabilidad por consistencia interna y

5) La fiabilidad entre evaluadores.

La fiabilidad por prueba y posprueba

Veamos primero la fiabilidad prueba y posprueba, que se obtiene al correlacionar pares de puntuaciones de las mismas personas en dos aplicaciones diferentes de la misma prueba. Es decir, le aplicamos la prueba a un grupo de personas en un momento, y tiempo después le aplicamos la misma prueba a ese mismo grupo de personas. Con esto calculamos la correlación y tenemos el coeficiente de fiabilidad.

Este coeficiente de prueba y posprueba es muy útil cuando vamos a medir constructos que se suponen relativamente estables en el tiempo. Si, por el contrario, la característica que se supone vamos a medir se considera que varía en el tiempo, entonces no tendría mucho sentido realizar esta comparación, ya que la variación encontrada se deberá, en parte, a la naturaleza variante de la característica, y no debido a un error de la prueba o a falta de fiabilidad. A este tipo de coeficiente de fiabilidad se le suele llamar también coeficiente de estabilidad.

La fiabilidad por formas alternativas

Veamos ahora el segundo escenario, el de la fiabilidad por medio de formas alternativas de la prueba. Cuando calculamos la fiabilidad por este medio lo que hacemos es aplicar dos versiones de la prueba a un mismo grupo de personas, una original y la otra alternativa, y establecer la correlación entre las dos. Este proceso es muy parecido al de prueba y posprueba, a excepción de que la aplicación de ambas se hace en un mismo procedimiento y que la posprueba no es la misma herramienta aplicada en la preprueba, sino que es una versión alternativa y equivalente de la preprueba.

La fiabilidad por división de mitades

El tercer escenario consiste en el cálculo del coeficiente de fiabilidad a través de la división por dos mitades de la prueba. Este es muy distinto a los dos escenarios anteriores, en especial porque se utiliza sólo una evaluación, en vez de dos. Es decir, que se aplica la prueba una única vez a la población. Aquí la prueba se divide en dos mitades y entonces se calcula la correlación entre ambas mitades.

Es importante tener en cuenta que esta división se hace en la base de datos, luego de aplicada la prueba, de modo que la persona evaluada completa sólo un instrumento de evaluación y normalmente no distingue entre qué ítem estará en una mitad y cuál estará en la otra. Claro, cuando hablamos de dividir la prueba no me refiero de dividirla justo a la mitad, porque esta división arbitraria puede incluir error en el cálculo, como por ejemplo porque los ítems al final de la prueba pudieran ser más difíciles que los que están al principio, entonces la persona evaluada tendría más aciertos al principio y más errores al final. Lo correcto es que, luego de haber aplicado la prueba completa, asignemos el conjunto de ítems de la prueba de manera aleatoria a una de las dos mitades. De esta forma esperaríamos que ambas mitades de la prueba fueran equivalentes, porque la asignación de los ítems a uno o a otro grupo habría sido hecha al azar.

Para poder visualizar este proceso en más detalle lo que hacemos es que lo dividimos en tres pasos. Estos pasos son los siguientes.

1) Dividir la prueba en mitades equivalentes,

2) Calcular la correlación de *Pearson* entre las puntuaciones de las dos mitades de la prueba, y

3) Realizar un ajuste de la fiabilidad utilizando la fórmula de *Spearman-Brown*. Este cálculo adicional ayuda a corregir el coeficiente tomando en cuenta que el mismo es afectado por la longitud de la prueba. Puede encontrarse más información sobre la fórmula de Spearman-Brown en Wikipedia.org o realizando una búsqueda en Google o en un buscador similar.

La fiabilidad por consistencia interna

El cuarto escenario le corresponde a uno de los cálculos más frecuentemente utilizados para calcular la fiabilidad: el coeficiente de consistencia interna. Éste es un cálculo de la fiabilidad que se utiliza para estimar el grado de correlación entre todos los reactivos de una prueba o escala. Este cálculo, al igual que en el de la prueba de dos mitades, se realiza con una única aplicación de la prueba y en un único grupo de personas. Lo que el resultado evalúa es el nivel de homogeneidad de la prueba, es decir, el grado en que los reactivos de la prueba miden un único rasgo.

Veamos un ejemplo. Supongamos que estamos desarrollando una prueba que mida el rechazo a la homosexualidad masculina. Esta prueba incluye un conjunto de ítems que denotan una actitud negativa hacia la homosexualidad masculina y hacia los varones que son homosexuales. Digamos que esta prueba tiene ocho ítems. Si la prueba tiene una alta fiabilidad por consistencia interna entonces encontraremos que la correlación promedio entre los ocho ítems será alta. Como consecuencia, las personas que puntúen alto en uno de los ochos ítems tendrá una tendencia a puntuar alto en cada uno de los demás ítems.

Una de las medidas más conocidas sobre la consistencia interna es el *coeficiente alfa*, desarrollado por Cronbach en el 1951, aunque ampliado por otros investigadores en años subsiguientes. En mi experiencia es el indicador que aparece con mayor frecuencia en los informes de investigación publicados en revistas científicas. Se puede encontrar más información sobre el coeficiente alfa de Cronbach en www.Wikipedia.org o realizando una búsqueda en Google o en otro buscador similar.

La fiabilidad entre evaluadores

Por último, el quinto escenario le corresponde al coeficiente de fiabilidad entre evaluadores. Éste, como indica su nombre, es el grado de acuerdo o consistencia que existe entre dos o más evaluadores. El cálculo de este coeficiente es sumamente necesario cuando en el proceso de evaluación intervienen evaluadores o jueces. Con este cálculo lo que se pretende controlar es que el resultado obtenido por una persona en una prueba se deba principalmente al criterio evaluado por la prueba, y no a variaciones asociadas a la persona que hace la evaluación. Este coeficiente se calcula usando la *r de Pearson* (en.wikipedia.org/wiki/Pearson_r) o la *rho de Spearman* (en.wikipedia.org/wiki/Spearman%27s_rank_correlation_coefficient), según la escala de medición de las puntuaciones de la prueba. También se utiliza la *estadística kappa* (en.wikipedia.org/wiki/Cohen%27s_kappa) cuando los evaluadores utilizan escalas del nivel de medición nominal. De nuevo, lo que queremos determinar con este coeficiente es el grado de correlación que existe entre las evaluaciones realizadas por dos o más jueces o evaluadores.

Ahora bien, ya que tenemos una adecuada comprensión de las implicaciones de la validez y de la fiabilidad, podemos no sólo utilizar estos indicadores para pruebas que estamos adaptando o desarrollando, sino que también verificarlo para pruebas que se suponen ya están bien establecidas en nuestra sociedad científica. Revisar constantemente que los niveles de calidad de las pruebas que utilizamos se mantienen adecuados es un mandato ético y una conducta profesional responsable. Como la ética juega un rol especial en el diseño de pruebas y en la realización de investigaciones, es importante dedicar unas páginas a dichos aspectos. A continuación les presentaré algunos comentarios sobre aspectos éticos del proceso de utilización, adaptación y desarrollo de pruebas psicológicas.

Aspectos Éticos del Proceso de Utilización, Adaptación y Desarrollo de Pruebas

Como hemos visto anteriormente, es relativamente sencillo conseguir y adaptar pruebas psicológicas al español. Sin embargo, como con toda prueba psicológica, existen algunos aspectos éticos que debemos tener en cuenta durante el proceso de adaptación y durante la posterior utilización de las pruebas.

Los aspectos éticos que comento a continuación están inspirados en los Principios Éticos y Código de Conducta de los Psicólogos, de la *American Psychological Association* (APA; disponible en www.apa.org/ethics/code). Si bien cada país, y cada organización y colegio profesional establece su propio código de ética, entiendo que los de la APA son lo bastante avanzados como para tener implicaciones en el quehacer de los psicólogos en todo el mundo. La realidad es que como la APA es la mayor organización profesional de psicólogos en todo el mundo, su código de ética ha servido de modelo para muchos códigos de ética que existen en la actualidad.

De este modo, a continuación les presento algunos comentarios que entiendo son importantes para nuestro quehacer científico, especialmente en lo relativo a la generación, adaptación y aplicación de pruebas psicológicas.

Nuestra Competencia Profesional

Los psicólogos estamos llamados a sólo realizar actividades que están dentro del campo de nuestra competencia. De este modo, es nuestra responsabilidad obtener el entrenamiento, la experiencia y la supervisión necesaria para realizar nuestra labor. Cuando vamos a adaptar una prueba de evaluación debemos estar conscientes de los retos que dicho tema presenta, y realizar las acciones necesarias para comprender cabalmente las implicaciones teóricas de los conceptos que estamos trabajando, especialmente en lo relacionado a la población, al área, a la técnica o a las tecnologías con que estamos trabajando. Nosotros tenemos que encargarnos de adquirir los conocimientos necesarios para poder realizar nuestro trabajo de manera competente.

Como resultado, cuando emitimos un juicio debemos asegurarnos de que el mismo está basado en un conocimiento científico y profesional de nuestra disciplina. Si decidimos utilizar una prueba, o adaptarla al español, dicha decisión debe estar basada en nuestro conocimiento científico sobre el tema que la prueba cubre, sobre el proceso de adaptación y sobre las implicaciones, positivas y negativas, que dichas acciones podrían tener en nuestro campo científico.

Los psicólogos tenemos una gran responsabilidad sobre todo el quehacer científico dentro de nuestra disciplina. Esta responsabilidad se mantiene vinculada tanto a nuestra propia ejecución, sea por la aplicación, la interpretación y el uso de instrumentos de evaluación, como cuando estos instrumentos se corrigen e interpretan por sí mismos o por servicios automatizados, o cualquier otro tipo de servicio.

Nuestro accionar no es sólo sobre nosotros mismos, sino que debemos servir de guardianes de nuestra disciplina. De este modo los psicólogos estamos llamados a no promover el uso de técnicas de evaluación psicológica por parte de personas que no tengan la calificación adecuada. Obviamente, la excepción a esto es cuando el propósito es entrenar a la persona que realiza la evaluación. Pero aun en esta circunstancia debemos asegurarnos de que este aprendiz cuenta con la supervisión apropiada para hacer uso de las técnicas y pruebas psicológicas en las que se está entrenando. La responsabilidad de las acciones del aprendiz recaen sobre nosotros, sus supervisores.

La privacidad y la confidencialidad

Los psicólogos estamos obligados a resguardar la información confidencial que se nos ha confiado. Por esta razón debemos estar muy atentos a la extensión y los límites que podemos asumir con respecto a la confidencialidad, ya que la misma está regida tanto por los códigos de ética, como por las leyes, por las reglas institucionales y por las relaciones profesionales y científicas.

Este resguardo de la información confidencial tiene una implicación muy especial en lo que se refiere a la aplicación de pruebas psicológicas, estén ya adaptadas o no. Cuando aplicamos una prueba debemos discutir con la persona evaluada los límites que tenemos sobre la confidencialidad de la información que estamos recogiendo, así como los usos que le daremos a dicha información. La información confidencial que hemos recolectado solamente podemos utilizarla para los propósitos científicos y profesionales que hemos establecido a priori, y sólo con personas que tienen que ver con dichos propósitos. Esto debe estar explicado de manera bien clara de modo que la persona evaluada entienda visiblemente lo que le estamos diciendo.

Otro aspecto importante que debemos tener en cuenta

sobre el manejo de la información confidencial es que para poder revelarla necesitamos de la aprobación por escrito de la organización para quien hacemos el trabajo, de los individuos que han participado en la investigación o de otra persona legalmente autorizada en nombre de dichos participantes. Esto no es algo a tomar a la ligera. Nosotros, como psicólogos, somos responsables de la confidencialidad de dicha información y para poder utilizarla tenemos que asegurarnos de dichos permisos y contar con la evidencia de haber recibido dicha autorización.

Entonces, ¿qué hacemos para poder presentar la información de nuestra investigación si la misma contiene elementos que deben ser resguardados de manera confidencial? Pues debemos tomar todas las medidas necesarias para encubrir la identidad de la persona o de la institución participante, de modo que nadie pueda identificar quiénes son. Obviamente, tenemos que cuidar detalles descriptivos que podríamos presentar y que, sorprendidos en nuestra buena fe o ingenuidad, permitan que se descubra la identidad de la persona o institución que participa en nuestro estudio. Un ejemplo de este tipo de error sería presentar el año de fundación, o la ubicación, cuando queremos describir el tipo de organización donde hemos recolectado la información. O presentar datos separados de varones y hembras, cuando una sola persona cumple con dicho criterio. Cualquier información descriptiva puede ser utilizada por los conocedores o miembros de la población participante para discernir quién ha dado las respuestas, por lo que tenemos que tener cuidado del nivel de detalle de las informaciones que presentamos, para que podemos mantener oculta la identidad de los participantes en el estudio. Debemos tener bien presente que ni la buena fe ni la ingenuidad nos eximen de nuestra responsabilidad de preservar la confidencialidad.

Claro, hay momentos donde debemos revelar información que se ha resguardado como confidencial. Esto lo hacemos sólo cuando hemos obtenido el consentimiento escrito de las personas y organizaciones participantes para revelar su identidad, o cuando existe una autorización legal para hacerlo. Aun así, nosotros debemos meditar sobre las implicaciones que tendrá el revelar dicha información. Entre las preguntas que debemos hacernos se incluyen las relacionadas a la pertinencia de revelar dicha información, la utilidad de la misma y los riesgos que pudiera presentar para las personas e instituciones que participaron en el estudio.

Otro punto importante que debemos cuidar, que de algún modo está vinculado a la confidencialidad de la información, es el respeto a la privacidad de la persona que estamos evaluando. Con esto lo que quiero decir es que es muy fácil realizar una intrusión en la privacidad de las personas que evaluamos, pues como científicos, y más como psicólogos, tenemos un natural interés en comprender toda conducta. Sin embargo, la información que debemos recoger en nuestros estudios debe ser sólo aquella que sea relevante al propósito y los fines de nuestra investigación. Un típico ejemplo de lo que sería una intromisión a la privacidad es que en una investigación sobre estilos de crianza de los hijos empecemos a hacer preguntas sobre la vida sexual de la pareja. Pero también existen intromisiones no tan claras. El asunto es contrastar las preguntas que hacemos a las personas contra un marco lógico o teórico que justifique conocer los elementos que estamos preguntando. Si hay coherencia entre nuestras preguntas y el marco lógico de nuestro propósito, entonces no debería haber problemas de intrusión en la privacidad. Sin embargo, si las preguntas parecen excesivas o si se alejan de dicha coherencia, entonces debemos cuestionarnos el por qué las estamos incluyendo.

La custodia de records y de pruebas

Un aspecto que a veces olvidamos es que la ciencia se va construyendo sobre los avances que en conjunto vamos realizando todos los científicos. De este modo, nos apoyamos en las investigaciones previas para avanzar las nuestras. Pero también, muchas veces, nos es necesario verificar los resultados alcanzados por otros investigadores, y otros investigadores necesitan por igual verificar los resultados que nosotros hemos alcanzado.

Por esta razón los psicólogos debemos mantener los records y datos sobre el trabajo científico y profesional que realizamos, y debemos mantenerlos a un nivel de detalle que permita que otros investigadores repliquen nuestro diseño de investigación, o ejecuten nuevamente nuestros análisis.

Ahora bien, aunque debemos compartir esta información que permita replicar nuestro diseño o nuestros análisis, no podemos olvidarnos de nuestro deber de mantener la confidencialidad. Para compartir esta información debemos lograr, por todos los medios, que la confidencialidad sea mantenida y asegurada. En muchos casos tendremos que eliminar la información que permite identificar a nuestros participantes de los datos que compartimos con otros colegas. Como esta información puede ser solicitada aun mucho tiempo después de que nuestro estudio sea publicado, debemos asegurarnos de que aun en ese momento la confidencialidad sea asegurada. Obviamente, los profesionales que nos solicitan estos datos solo pueden utilizarlos para fines de verificación y re-análisis. Ellos no pueden darle ningún otro uso y, si desearan hacerlo, deben pedirnos la autorización correspondiente antes de hacerlo. De hecho, como en el consentimiento informado, que veremos en detalle más adelante, el participante nos da un permiso explícito y específico para utilizar su data, un uso distinto del autorizado por los participantes sería una violación a dicho consentimiento. Eso no podemos hacerlo y es nuestra responsabilidad que nadie lo haga con una data e información confidencial de la que nosotros somos custodios.

Por otro lado, los puntajes crudos de las respuestas de una persona a preguntas de una prueba, o a estímulos, así como las notas que tomamos y las grabaciones que hacemos que conciernen a una persona evaluada y sus declaraciones y comportamientos durante el proceso de evaluación, información conocida en inglés como *test data*, no puede ser compartida ni entregada a ninguna persona. Esto debemos considerarlo en especial como material confidencial, pues tratamos de proteger a la persona evaluada, o a otros. Claro, esto es también regulado por las leyes, y en ausencia de la autorización por parte de la persona evaluada, el psicólogo sólo puede liberar estos datos cuando sea requerido por la ley o por una orden judicial.

Este resguardo de información no se limita de manera exclusiva a la información de los participantes en nuestro estudio. Los psicólogos estamos obligados también a resguardar la integridad y la seguridad de los materiales de prueba y de otras técnicas de evaluación, entre los que se incluyen manuales, instrumentos, protocolos y preguntas de cuestionarios o estímulos. En inglés a estos documentos se les refiere como *test materials*. Obviamente, todo esto debe hacerse conforme a lo que establecen las leyes y otras obligaciones contractuales.

La aprobación institucional

Por aprobación institucional podríamos entender dos cosas distintas, pero en cierto modo relacionadas: 1) en primer lugar está la aprobación necesaria por parte de instituciones u organismos participantes para que podamos realizar el estudio que hemos diseñado y 2) está también la aprobación por parte de un comité de ética, o *Institucional Review Board* (IRB), como se le conoce en inglés, para que podamos trabajar y evaluar a la población que hemos elegido para nuestro estudio.

La aprobación que obtenemos por parte de instituciones u organismos participantes se refiere a esas aprobaciones que normalmente hacen viable nuestro proyecto. Imaginemos que queremos evaluar a un conjunto de profesores, maestros, o estudiantes. La autorización de la institución donde ellos se encuentran suele ser necesaria previo a cualquier proceso de levantamiento. Si queremos trabajar con los empleados de una empresa, sea de servicios o manufactura, necesitamos llegar a acuerdos con esa institución tanto sobre la información que vamos a recoger como sobre la forma en que recogeremos esa información. Para decirlo en otras palabras, no es realmente viable llegar a ninguna institución con el propósito de realizar un levantamiento de información si primero no hemos llegado a un acuerdo con dicha institución para que nos permita y facilite el acceso y, en muchas ocasiones, nos apoye en la logística y en el proceso.

El otro escenario se refiere a la aprobación por parte de un IRB para realizar nuestro estudio. Un IRB es un comité que se encarga de revisar nuestra propuesta y protocolos de investigación con el propósito de que nuestra investigación no lacere los derechos de los participantes, ni los afecte de manera adversa. Este comité se encarga de verificar que el protocolo de nuestra investigación se adhiera a todos los criterios éticos correspondientes a nuestro campo profesional. Estos comités cuentan con formularios específicos que deben ser llenados, donde describimos nuestra investigación, y nos harán recomendaciones puntuales para que cumplamos con los mandatos éticos y protejamos a los participantes. Cuando un IRB aprueba un protocolo el mismo debe seguirse sin modificaciones. Si se necesita cambiarlo entonces el proceso de investigación entra en una pausa, hasta que el nuevo protocolo sea aprobado por el IRB. De nuevo, aquí lo importante es garantizar que los derechos de los participantes del estudio no sean vulnerados y cuando se trabaja con participantes humanos, como hacemos los psicólogos, debemos obtener primero la aprobación de algún IRB antes de realizar ningún levantamiento de información.

El consentimiento informado

El consentimiento informado es un documento utilizado en las investigaciones sobre conducta y procesos mentales. De hecho, en sentido general, en toda investigación en la que participen seres humanos se debe incluir el uso del consentimiento informado.

El uso de este documento se sustenta en que cuando realizamos una investigación (o brindamos cualquier otro servicio psicológico) debemos obtener una autorización de parte de los participantes de la investigación, donde ellos acceden a participar de manera voluntaria y sin ningún tipo de coacción. Este consentimiento debe estar basado en que el participante esté informado, de manera precisa, clara y diáfana, del propósito, del proceso y de los riesgos asociados al proceso de investigación en particular que estemos llevando a cabo. De ahí lo del nombre de consentimiento informado.

En este consentimiento informado debemos utilizar un lenguaje que sea razonablemente entendible para la persona que participará en el estudio. Esto va mucho más allá de hablar el mismo idioma que la persona maneja. Inclusive implica que, si por alguna razón el participante en el estudio es una persona declarada legalmente incapaz de dar el consentimiento, nosotros como psicólogos debemos proveer de una explicación apropiada para esa persona, buscar la aprobación de la misma, considerar sus deseos y preferencias y obtener el permiso correspondiente de la persona que legalmente está autorizada para darlo en nombre de aquel que legalmente no puede hacerlo. Es decir, que debemos informarle a la persona que vamos a evaluar, aun sea cuestionable su capacidad de dar el consentimiento o aun sea mandatorio por ley o por reglamentación. A esta y a toda persona debemos informarle sobre la evaluación que vamos a realizar, la naturaleza y el propósito de los servicios de evaluación que realizaremos, utilizando un lenguaje que sea razonablemente entendible para la persona que será evaluada.

Más aun, si necesitamos utilizar los servicios de algún intérprete para lograr el consentimiento informado o para aplicar alguna prueba, debemos primero obtener el consentimiento informado del participante donde nos indique que podemos utilizar a dicho intérprete. En este momento no sólo el consentimiento informado debe estar en nuestra mente, sino también las medidas que debemos tomar para mantener la confidencialidad de los resultados de las pruebas que vamos a aplicar, al estar utilizando un intermediario o intérprete.

De nuevo, todo esto debemos hacerlo de manera que quede evidencia por escrito de que tenemos el consentimiento informado para realizar nuestro trabajo con ese participante. Este documento que sirve de evidencia sobre el consentimiento informado que hemos obtenido puede ser requerido antes, durante y posterior a haber realizado nuestra investigación. De hecho, es normal que el IRB que evalúe nuestro proyecto requiera una copia del documento por medio del cual obtendremos el consentimiento informado de nuestros participantes.

Entonces, ¿qué debe contener nuestro consentimiento informado? En el mismo debemos informarle al participante, al menos, sobre los siguientes ocho puntos.

1) El propósito de nuestra investigación, la duración esperada y el procedimiento a que será sometido.

2) El derecho de los participantes de declinar su participación, o de detener la misma una vez haya comenzado el proceso.

3) Las consecuencias previsibles de no participar o de detener la participación.

4) Los aspectos razonables que se espera podrían influir en su decisión en participar, como riesgos potenciales, incomodidad o efectos adversos.

5) Cualquier beneficio que obtendrá de la investigación.

6) Los límites en la confidencialidad que pudieran existir.

7) Incentivos que recibirá por la participación.

8) A quién contactar con preguntas sobre la investigación y sobre los riesgos a los participantes de la investigación.

Como el consentimiento es informado, además de cubrir todo lo anterior en el documento, el participante debe tener la oportunidad de hacer preguntas y recibir respuestas justo en el momento en que llena o completa el consentimiento informado. Esto debe ser llevado a cabo de una manera cordial y adecuada, de modo que el mismo modo de responder a las preguntas, o de reaccionar ante ellas, no coaccione la participación de la persona en la investigación.

En algunas investigaciones incluimos o incorporamos un diseño experimental. Cuando este es el caso debemos explicar claramente a los participantes la naturaleza experimental de la investigación. También debemos señalar los servicios que estarán disponibles, y los que no, para el grupo control.

Recordemos que el grupo control es aquel que no recibe el tratamiento o la intervención, de modo que si es un medicamento, por ejemplo, ellos no van a recibirlo. Entonces debemos señalar este aspecto en nuestro consentimiento informado. Por igual debemos indicar los medios o métodos a través de los cuales los participantes serán asignados a los grupos control y de tratamiento. Muy importante, por igual, es resaltar el tratamiento alternativo disponible si un individuo no desea participar en la investigación, o si desea detener su participación una vez el estudio haya iniciado. Por último, y no menos importante, debemos establecer de manera clara la compensación, monetaria o de cualquier otra índole, que recibirá el participante al acceder participar en el estudio, recordando que aunque está permitido y es común el uso de incentivos para los participantes, hay que cuidarse de que los mismos no sean excesivos o inapropiados, especialmente porque los mismos podrían forzar a los participantes a participar. Similar a esto, también debe establecerse si para poder participar en el estudio el participante debe cubrir algún costo del mismo.

Obviamente, como el consentimiento informado lo que procura es darle al participante los elementos necesarios para tomar la decisión de si participa o no en un estudio, cuidando que no se vulneren sus derechos ni se ponga en riesgo ni su vida ni su condición, existen casos donde no es necesario utilizar el consentimiento. Esta dispensa se utiliza en algunos casos excepcionales, pero comunes en muchos tipos de investigaciones relacionadas a la adaptación de pruebas. Estos casos se limitan a los siguientes escenarios.

1) Cuando de manera razonada se asume que la investigación no creará malestar o incomodidad, y envuelve uno de estos aspectos:

a) El estudio de prácticas educativas normales, currículo o métodos de gestión del aula, llevados a cabo dentro del entorno escolar

b) Sólo se realizarán cuestionarios anónimos, observaciones de tipo naturales, o investigación de archivo, para el cual la liberación de las respuestas no pondrá a los participantes en un riesgo de responsabilidad civil o criminal, ni dañará su posición financiera, ni su capacidad para ser contratado en algún trabajo, ni su reputación; y la confidencialidad sea asegurada.

c) El estudio de factores relacionados con el trabajo o con la efectividad organizacional, y para el que no existan riesgos para la capacidad del participante ser contratado, y la confidencialidad sea asegurada.

2) Cuando sea permitida por la Ley o por regulaciones organizacionales.

De esta forma, los psicólogos estamos obligados a obtener el consentimiento informado para realizar cualquier evaluación o prestar un servicio de diagnóstico, excepto cuando realizar dicha evaluación es mandatorio por la ley o por una regulación gubernamental; cuando el consentimiento está implícito porque la evaluación se realiza como un proceso de rutina educativa, institucional, organizacional; o cuando el propósito de la evaluación es determinar la capacidad decisoria del individuo. Aun así, debemos documentar detalladamente todos los aspectos que nos permiten avocarnos a esta excepción.

Antes de cerrar el tema del consentimiento informado, existe un punto especial que debemos tratar, y es el del uso del engaño dentro del proceso de investigación. Los investigadores utilizamos el engaño en una investigación cuando el elemento sorpresa, o el desconocimiento de algún elemento, es esencial para los fines del estudio que se realiza. Imaginemos que diseñamos un experimento en el cual queremos ver la reacción de la persona ante un sonido fuerte y estruendoso. Si el participante sabe de antemano que será expuesto a un sonido de esa naturaleza es muy posible que dicho conocimiento altere su respuesta, pues ya estará a la expectativa del sonido. En un ejemplo como éste la sorpresa del estímulo es esencial para poder medir adecuadamente la reacción natural de la persona, por lo cual podría justificarse el engaño en este caso.

Ahora bien, en sentido general el uso del engaño debe limitarse a esa condición, cuando sea fundamental y justificado para los fines de la investigación. En todos los demás escenarios queda prohibido. En el pasado muchas investigaciones abusaron del engaño produciendo daños irreparables en los participantes. Por esta razón está muy restringido su uso, y aun cuando es permitido tiene que adherirse a un conjunto de procedimientos que minimizan el efecto negativo del engaño. Obviamente, el mismo no puede utilizarse cuando en la investigación se vaya a causar dolor físico o malestar emocional severo.

De todas formas, cuando se haya utilizado el engaño en alguna investigación, el psicólogo debe explicar dicho engaño al participante tan temprano como sea posible, preferiblemente justo al concluir la participación de dicha persona en el proceso de investigación. Bajo ninguna circunstancia la explicación del engaño puede realizarse más tarde que cuando se concluye la recolección de datos de todos los participantes. Una vez se le explica el engaño al participante se le debe permitir que, si lo desea, se eliminen sus datos del estudio, puesto que nadie puede estar obligado a participar de un estudio si no lo desea. La idea es ser coherente con que la participación sea voluntaria y que el uso de los datos haya sido autorizado bajo la comprensión cabal de las implicaciones de la investigación.

El proceso y los resultados de la evaluación psicológica

En este libro hemos venido hablando de localizar y adaptar pruebas para poder realizar nuestras evaluaciones utilizando instrumentos válidos y fiables que puedan ayudarnos en nuestros procesos de evaluación. Por lo compleja y delicada que resulta una evaluación psicológica, es importante que conversemos también sobre los aspectos éticos relacionados a ella, entendiendo que por igual tienen un gran impacto en nuestro propósito de adaptar o desarrollar pruebas de evaluación psicológica.

Los códigos de ética nos indican que los psicólogos utilizamos, administramos, adaptamos, corregimos, interpretamos y utilizamos las pruebas de una manera que sea acorde con la investigación o la evidencia. De este modo, como vimos en los capítulos sobre la validez y la fiabilidad, tenemos que documentar de manera adecuada todas esas evidencias para justificar las propiedades y la calidad de la prueba que hemos adaptado o desarrollado.

De hecho, es una obligación que los psicólogos utilicemos instrumentos de evaluación que cuenten con la suficiente evidencia de validez y fiabilidad para ser utilizados en la población en la que vamos a aplicar la evaluación. Ahora, pueden surgir situaciones donde esta evidencia no sea suficiente o tenga limitaciones importantes. En esos casos debemos describir las fortalezas y las limitaciones de los resultados y las interpretaciones a las que hemos llegado utilizando dichos instrumentos. Es decir, debemos ser críticos de nuestra misma evaluación, análisis e interpretación de resultados, cuando hemos trabajado con pruebas psicológicas que tienen esas limitaciones. Esta crítica debe permitir que los profesionales e interesados que revisan nuestras conclusiones puedan comprender claramente las limitaciones de las mismas.

Por otro lado, existe un mandato ético de que el lenguaje que utilicemos en nuestros procesos de evaluación sea apropiado y sea el preferido por los individuos que evaluamos. Esto es muy importante y es el fundamento en que basamos nuestro esfuerzo por adaptar y desarrollar pruebas psicológicas al idioma español. Esto es útil no sólo para los que vivimos en América Latina y España, sino también para los millones de personas que habitan en países anglosajones (o donde predomina el uso de cualquier otro idioma) y que su lengua materna es el castellano. La excepción a esto es cuando el uso de otro lenguaje sea apropiado para los fines del estudio, como pruebas de conocimiento o dominio de dicho lenguaje.

Ahora bien, existen muchos factores que pueden influir y afectar el juicio que hacemos como psicólogos, o que pueden reducir la precisión de nuestras interpretaciones. Por esta razón, cuando interpretamos los resultados de nuestro estudio, debemos tener muy en cuenta el propósito de la evaluación que realizamos, los distintos factores que pueden estar interviniendo en la evaluación, las habilidades que tenga la persona para tomar la prueba, y otras características de la persona que es evaluada, como diferencias situacionales, personales, lingüísticas y culturales. Todo lo anterior puede afectar el significado de las respuestas que obtenemos. Hay que indicar detalladamente en nuestros informes cualquier limitación significativa de nuestras interpretaciones.

Con respecto a las pruebas y su vigencia, los psicólogos no podemos basar nuestros juicios, intervenciones o recomendaciones en datos o resultados de pruebas que estén desactualizadas para el propósito actual que se persigue con la investigación. A veces parece obvio, pero es importante recordar que las conductas o procesos mentales que evaluamos, sean del tipo que sean, pueden variar con el tiempo, y por ello hay que considerar el momento en que la persona fue evaluada para interpretar las implicaciones de dichos resultados. Del mismo modo, debemos asegurarnos de que los indicadores de validez y fiabilidad sigan siendo vigentes para la población con la que estamos trabajando. Esto también se extiende a las pruebas que utilizamos, y no solamente en los resultados que hemos obtenido de ellas. No podemos basar nuestros juicios, decisiones y recomendaciones en pruebas y escalas que estén obsoletas e inservibles para el propósito que estamos persiguiendo.

Por último, cuando ofrecemos servicios de corrección de pruebas debemos describir de manera precisa el propósito, las normas, la validez, la fiabilidad y la aplicación de los procedimientos, así como cualquier calificación especial aplicable al uso de dicha prueba. Esta descripción debe estar basada en la evidencia. Esto quiere decir que no basta con decir que una prueba es válida, por ejemplo, sino que es necesario describir el cómo y porqué llegamos a ese juicio de que la prueba es válida. Todo esto debemos tenerlo bien pendiente porque cuando adaptamos o desarrollamos una prueba psicológica debemos proveer de toda esta información, ya que será necesaria para que otros psicólogos puedan hacer uso de la prueba que hemos adaptado o desarrollado. Incluso, esa información es necesaria hasta para poder entender e interpretar los resultados y conclusiones a que llegamos con el uso de esa prueba. Del mismo modo, cuando vamos a seleccionar servicios de corrección e interpretación debemos hacerlo bajo el hecho de la evidencia de la validez del programa y del procedimiento, así como de otras consideraciones apropiadas relacionadas a dicho servicio que nos estén brindando.

Sobre el autor

El Profesor César Andrés Caamaño es egresado de la Universidad Nacional Pedro Henríquez Ureña (UNPHU) con una Licenciatura en Psicología Industrial. Realizó estudios de postgrado sobre Gestión de la Calidad y la Productividad en el Instituto Tecnológico de Santo Domingo (INTEC) y realiza su Doctorado en Cooperación y Bienestar Social en la Universidad de Oviedo, España, de la cual cuenta también con un Diploma de Estudios Avanzados (DEA).

Tiene una amplia experiencia en investigación y docencia. Ha trabajado en múltiples proyectos de investigación en temas como fiabilidad, validez y estandarización de pruebas psicológicas; el síndrome del burnout, clima organizacional, responsabilidad social corporativa, estrés crónico laboral, vida organizacional, motivación interna, acoso psicológico en el lugar de trabajo, compromiso organizacional y carga de trabajo, entre otros.

El Profesor Caamaño ha desarrollado proyectos y producido investigación para varias universidades locales, así como también para el Observatorio Dominicano de Drogas, la Oficina Nacional de Estadística (ONE), el Banco Mundial y la Agencia de Estados Unidos para el Desarrollo. En la actualidad dirige el Departamento de Evaluaciones y Pruebas de la Oficina de Certificación y Desarrollo de la Carrera Docente (OC-DCD) del Ministerio de Educación de la República Dominicana (MINERD).

www.ingramcontent.com/pod-product-compliance
Lightning Source LLC
Chambersburg PA
CBHW030527290526
45786CB00004B/1649